Herz über Kopf

Ulla Hahn
Herz über Kopf

Gedichte

Deutsche Verlags-Anstalt
Stuttgart

Das wär ein Leben

Ich bau mir mein Nest in der Achselhöhle
vom Mann mit dem Goldhelm. Geht er
so gehe ich bewegungslos mit. Krümmt er
den Leib tue ich aufrecht desgleichen.
Ißt er sein Brot im Schweiß seines Angesichts
lieg ich betört von den Düften ihm
unterm männlichen Arm.
Seine Rede Ja Nein ist fraglos immer
die meine. Säe nicht ernte nicht: Er
nähret und kleidet mich doch. Nichts
verlangt er dafür als sein tägliches Quantum
Rosen dornenlos wind ich den Kranz ihm
zwitschernd ums göttliche Haupt.

Im Rahmen

Eine Frau am Fenster allein
stehend die Arme gekreuzt
vor der Brust im zarten
pastell Musselin
wartend daß einer sie fasse
in seinen altgoldenen Rahmen
ist nur auf Bildern schön.
Wenn Sie am Telefon lauert frei
Zeichen skandiert die Muschel
poliert ist das
nicht zum Ansehn.

Mit Haut und Haar

Ich zog dich aus der Senke deiner Jahre
und tauchte dich in meinen Sommer ein
ich leckte dir die Hand und Haut und Haare
und schwor dir ewig mein und dein zu sein.

Du wendetest mich um. Du branntest mir dein Zeichen
mit sanftem Feuer in das dünne Fell.
Da ließ ich von mir ab. Und schnell
begann ich vor mir selbst zurückzuweichen

und meinem Schwur. Anfangs blieb noch Erinnern
ein schöner Überrest der nach mir rief.
Da aber war ich schon in deinem Innern
vor mir verborgen. Du verbargst mich tief.

Bis ich ganz in dir aufgegangen war:
da spucktest du mich aus mit Haut und Haar.

Er kommt

Einkaufen: Kirschsaft Spinat und
neue Kartoffel Spargel nicht der
ist noch zu teuer oder ach was
zwei Pfund Spargel bitte.

Oh mein Gott: dem Friseur ging
die Farbe aus. Nehm ich statt
Rot Mahagoni nur nicht
vorne so kurz.

Wie angegossen das Kleid: aber
die jeans sitzt straffer blau
liebt er und schwarz schön
also schwarzblau.

Steht die Uhr: nein noch einmal das
Beethoven Trio im zweiten Satz geht
die Klingel ich öffne die Tür
du schon da?

Wirbelsäule

Ich kenne deine
Runzeln rund um die Augen
von meinen Lippen
und deine Lippen haben
meine aufgespannt
und verbogen
zur Lust auf Lust.

Deine Falten
rechts und links
vom Mund
kennt der Zeigefinger
meiner rechten Hand

deine rechte Hand
verbirgt nichts
was deine Linke tut
meinen beiden Händen.

Ein Stückchen Halshaut
haben sich meine
Augen, Hände und Lippen erschlichen
bis zum obersten Knopf
deines Hemdes.

Aber Phantasie und Erkenntnis-
Theorie
knöpfen dich langsam sorgfältig auf
bis auf die Knochen.

Mit leeren Händen

Dreimal kehr ich zurück
ich versprach dir's. Dreimal
wartete ich auf dich unter
den Malven am Markt.

Dreimal bot ich der Alten
Narzissen, Ranunkeln und
Syringen aus Persien für
dreimal eine Nacht mit dir.

Alles nahm sie mir ab
Blumen und Perlen die
wollt ich dir schenken
zur dritten Nacht

als ich zu dir kam
mit leeren Händen und
weitgeöffneten Poren. Nichts
hielt ich verborgen.

Ach da zogst du mir
das Fell über die Ohren
schmiegtest es wohlig
der Alten ums Füßchen.

Tote Liebe

Tote Liebe Mauer
blümchen zweigeteilt
niemals vergessen vergessen
die Liebe auf dem Lande
im Lenz sind alle Katzen
grau in der Nacht wenn
die Liebe erwacht unterm
Laken gezogen bis
über die Stirn.

Der Himmel

Der Himmel liegt seit heute Nacht
in einem Ellenbogen
darein hatt' ich gesmôgen
das kin und ein mîn wange
viel lange Zeit.

Der Himmel ist einsachtzig groß
und hat die blauen Augen
zum Frühstück aufgeschlagen
all so ist auch sein Magen
von dieser Welt.

Und mich

Wenn du willst
nehme ich alles
zurück meine Tränen
fließen mir in die Augen
mein Lachen flieht
hinter meine Lippen
scheuen vor deinen
zurück hast du
alles genommen
was will ich
mehr als alles
zurück.

Alle hastigen Züge zu dir
fahre ich zurück durch
die platten Wiesen kaum
Mai. Jede Ankunft
bei dir ein Abschied mehr.
Jedes Wort schlag ich mir
in die Kehle
zurück
nehm ich alles
was du nicht willst
und mich.

Meine Trauer

Meine Trauer mein blankes
Kupferkesselchen blank-
geputztes
Komm wir setzen uns
Tränen auf
aber mit
Grazie mild wie
Vanille wollen wir
ihm doch
gefallen
wenn er
nie mehr wiederkommt.

Altes Lied Ungereimt

Breit mich als Bärenfell
unter sein Leib
dreh ihm kohlschwarze
Locken ins Haar

Halt ihm mein Mäulgen hin
schenk ihm mein Herz
küßt er mich tausend Stund
bis auf den Grund

Holt mich am Morgen
über den Zaun
schmeißt mich beim Abendgraun
aus seinen Federn

Sitzt hinterm Ofen
bei seinem Frauchen
macht ihr ein Kratzefuß
will uns nit tauschen

Kraul mir ein Kätzelein
in meinem Schoß
leckt mir die Fingerspitz
macht mich nit naß

Warten

Alles verraten verkauft
die Braut
kaut auf den Fingernägeln.
Blut im Schuh tropft
in Ramboisses primeur.
Noch ein Glas bitte. Danke
es läßt
der Europaton grüßen. Die
Leitung ist frei.

Ach was

Ach was Verzweiflung da
könnte ja jeder kommen
und gehn. Mal sehn
ob die Wegwarten noch
übers Jahr übers Jahr
an den Sommerrändern stehn.

Ach was Verzweiflung du
könntest ja wieder kommen
und gehn. Mal sehn
ob der Vollmond schon
und dein Galgenstrick
sich über den Hügeln drehn.

Ach was Verzweiflung ich
kann doch zu jedem kommen.
Mal sehn
wie es ist im
goldenen Kleid und
mit Blut im Schuh
zu gehn.

Ohne Schnee

Wie könnte ich gut leben ohne
diesen Schnee diesen Winter.
Er sperrt mich nach innen
aus. Krümmt mir mein
Haar in den Kopf. Meine
Lippen ziehn sich zurück
meine Zunge hinter
die Zähne. Und da fällt
dieser Schnee dieser Schnee und das Eis
schmilzt nicht weiter.

Anständiges Sonett

> *Schreib doch mal*
> *ein anständiges Sonett*
> St. H.

Komm beiß dich fest ich halte nichts
vom Nippen. Dreimal am Anfang küß
mich wo's gut tut. Miß
mich von Mund zu Mund. Mal angesichts

der Augen mir Ringe um
und laß mich springen unter
der Hand in deine. Zeig mir wie's drunter
geht und drüber. Ich schreie ich bin stumm.

Bleib bei mir. Warte. Ich komm wieder
zu mir zu dir dann auch
»ganz wie ein Kehrreim schöner alter Lieder«.

Verreib die Sonnenkringel auf dem Bauch
mir ein und allemal. Die Lider
halt mir offen. Die Lippen auch.

Tränen

Ohne Tränen vorbei
gehst du in
Samt und Seide
fühlst wie ich
weine ich weine
aber dein Rock
wird nicht naß.

Angeschaut

Du hast mich angeschaut jetzt
hab ich plötzlich zwei Augen mindestens
einen Mund die schönste Nase
mitten im Gesicht.

Du hast mich angefaßt jetzt
wächst mir Engelsfell wo
du mich beschwertest.

Du hast mich geküßt jetzt
fliegen mir die gebratenen
Tauben Rebhühner und Kapaunen
nur so ausm Maul ach
und du tatest dich gütlich.

Du hast mich vergessen jetzt
steh ich da
frag ich was
fang ich allein
mit all dem Plunder an?

Hallo Ja

Ach mein Herz will nach
Haus doch wohin
soll es sich wenden?
Am Telefon läßt
der Europaton grüßen an
dauernd und auf der Höhe.
Das Freizeichen reißt
dich nicht los. Lesen
also. Nochmal einen Brief
aus Giumaglio. Alt
wirst du schreibst du. Das
weiß ich: Dir
fallen die Haare aus. Aber
mein Herz mein Herz
saust um dein Haus
rüttelt daß sich die Balken
biegen im Hauch und Flauberts
L'education sentimentale.

Also nochmal. Den
Finger ins Loch. Null
nulldrei undsoweiter. Komm
nimm den Hörer ab. Laß
deine Hausschlachtung stehn.
Hallo
Hallo. Ja. Nein nichts
Neues. Ich kann nicht
reden. Morgen früh. Aber ja. Schlaf gut.

Diese Mörderin

Diese Mörderin läßt mich
nicht im Stich
glaub ich mich sicher
schickt sie mir dich

und jagt dich fort
ich bin allein da
rennt mir die Zeit
den Schädel ein.

Fundevogel

Verläßt du mich nicht so
verlaß ich dich
nimmermehr
findest du eine
wie mich schnell
hinterher
weinst du ich
weine so
teilen die Tränen wir auch.

So

Auf der rechten Seite
so liegen daß
die Knie das Kinn
fast berühren. Sich den
Rücken freihalten für einen
nicht zu weichen
schmiegsamen Bauch.
Beine auch die mit meinen
scharf in die Kurve gehn
zwanzigfach Zeh'n
ganz unten. Ums Herz
in der linken Brust eine
Hand die den Schlag spürt
und bleibt im Nacken
ein schlafender Mund Speichelfäden.
Morgens aufwachen.
Immer noch da sein.
So.

Gibt es eine weibliche Ästhetik

Ich sehe deine Augen
mit den hängenden
Lidern am Kinn
Fettfalten die Stirn
gefurcht deine
dünnen spitzen
Ohren überm fahlen
Haar die
kahle Stelle
am Hinterkopf ich
denke du bist
von allen Männern
der schönste.

Winterlied

Als ich heute von dir ging
fiel der erste Schnee
und es machte sich mein Kopf
einen Reim auf Weh.

Denn es war die Kälte nicht
die die Tränen mir
in die Augen trieb es war
vielmehr Ungereimtes.

Ach da warst du schon zu weit
als ich nach dir rief
und dich fragte wer die Nacht
in deinen Reimen schlief.

Auf und Davon

Hab gesponnen das Gold
zu Stroh bin weil ich
so traurig bin froh
nicht so traurig wie gestern
zu sein mein Herz
allerliebster ist auf
und davon.

Ließ mein Haar hinunter
zur Nacht. Nicht die Alte
er war's der mir sacht
die Flechten zerschnitten dann
ist er geritten auf meinem Herzen
auf und davon

Tropf mir kühlen Schnee in
mein Blut. Komm
zurück und sei wieder
gut genug für mich
scher dich mein Herz
zum Allerliebsten auf
und davon.

Besuch gehabt

Auf dem Teller fault
der Apfel vom Straßengraben
in Laupheim. Roten
Freilandnelken vergeht
die Farbe im Glas.
Zwischen Gesammelten Werken
pressen sich Herbstzeitlose zeigen
braunfleckig lila
dünne trockengealterte Haut.
Pfeifenasche erkaltet seit Tagen
in verschiedenen Gefäßen.
Dein guter Anzug ist fort. Den Schlaf
Anzug hast du vergessen.

Tschüs

Schneeweiß und Rosenrot
Schleierkraut Mohn
ich hab genug davon
scher mich zum Teufel

Zwischen zwei Pferdefüß
mach ich mich breit
schlag ihm in Ewigkeit
faustdicke Schnippchen

Zieh ihm die Hörner lang
setz ihm eins auf
lach mir 'nen Ast
schwing mich obendrauf.

Weihnachtslied

Oh Fest des seligen Gebens
niemand und nichts hält sich fest
ich warte auch nicht vergebens
schließlich gibst du mir den Rest
mit halben Rosen die Dornen
sammeltest du für mich
ich bekränz dir die Stirn mit Schüssen
und sing ein Te Deum für dich.

Schöne Lüge

Dieser Sommer ist eine Schwalbe
aus deinen Briefen.

Dieser Sommer spielt Mozart
vom Kassettenrecorder.

Dieser Sommer ist deine Stimme
am Telefon.

Diesen Sommer verlieg ich
unter Postkartenbäumen.

Diesen Sommer steck ich mir selbst
abends ins Haar eine
Rose.

Verreist

Am Abend des ersten Tags schieben wir ein
Bett nebens andre. Beklagen die
Ritze: du gießt sie mit
Rotwein zu bis ein Rosen
Gehege hochaufquillt und
Dornröschen bei Capri versinkt.

Am Abend des zweiten Tags schieben wir zwei
Betten zusammen. Deine Hand liegt schwer
mir auf dem Magen. Man
könnte auch sagen wir
schlafen umarmt. Aber die Beine
verlaufen sich in alle
vier Winde. Im zierlichen Auf und Ab
bewegt nur der Magen die Hand.

Am Abend des dritten Tags fahren
die Betten vor uns salutierend
zusammen schlägt sich das
Weißleinen auf machen die
Kissen uns Platz sag ich du
gibst mir Pfötchen und
wenn's grad zur Hand ist
dein Herz.

Abenteuer

Alle vierzehn Tage von Kopf bis Fuß
auf Liebe eingestellt. Die
Braut trägt schwarz bis
auf die Knochen und
seht der Bräutigam kommt
mit der S-Bahn.

Schon im Cafe kommen beide
zum Austausch seltener Sätze. Sie
reißt den Mund auf. Er
spült lauwarm nach. Dann
stellt sich Erregung ein und
das Taxi nach Moabit.

Handgreiflich werden beide
sogleich. Nichts ist
zu erwarten. Die Ringe
klirren. Es gilt wieder mal
zu geben zu nehmen
wie's kommt.

Wenn Dann

Wenn wir uns wieder in den Haaren liegen
und du mich nochmal Sterne sehen läßt
dann geb ich dir von Mal zu Mal den Rest
wenn wir uns wieder in den Haaren liegen.

Wenn du mich nochmal Sterne sehen läßt
bis du wo dir der Kopf steht nicht mehr weißt
bring ich dich wieder in das rechte Gleis
wenn du mich nochmal Sterne sehen läßt.

Wenn du wo dir der Kopf steht nicht mehr weißt
du aus der Haut fährst und hinein in meine
dann halt mich kurz doch lang an deines Leibes Leine
wenn du wo dir der Kopf steht nicht mehr weißt.

Im Märzen

Im Märzen da reiß ich
den Samt vom Himmel der Sonne
mach ich die Laden dicht ich
hack der Krähe ein Auge

aus Amsel Drossel Fink und Star
dreh ich den Hals um dem Krokus
köpf ich die Knospen ich schmeiß
dir mit Veilchen die Fenster

ein jeder sehe wie
ich's treibe wenn
du nicht sofort
die Rößlein einspannst.

Schwarze Locken

Drei halbe Minuten länger bleibt
hier die Sonne am Himmel am Abend
funkeln die Augen die Zähne saug ich mir
ausm Bart aus den Lippen schwarze
Locken stopfen mirs Maul ein Stündchen
später hock ich wieder allein ach bleib
mir doch vom Leib.

Schlaflied

Nachts wenn ich traurig bin
niemand ist hier
Niemand ich frag dich
was willst du bei mir

Tät er dich schicken
wieder einmal
aus seiner Ruinen
Jammertal

Sag ihm ich warte
auf niemandes Glück
bring ihm von meinem
Jammer ein Stück

Bring ihm Feinsliebchen
der Königin Kind
niemand soll wissen
wo niemand mich find.

Ab Gesang

Ich halt dich nicht mehr
aus hau ab ins Grab
gewiß werd ich dir folgen
nie und nimmermehr
schick ich dem Ach ein
Weh noch hinterher.

Zieh deine Leine Liebster ein verdufte
wie eine Rose müde ist vom
Kosen hast du dich nie müd gemacht.
Ach wie gemalt in deinen Hosen
fiel ich auf dich
herein auf deinen Teppich
aus Worten fein gewirket und
gewoben hast du mir manchen Tag
Traum hast du mir zerstört.

Ich halt dich nicht mehr
aus hau ab im Paradies
gewiß bist du gut aufgehoben.

Endlich emanzipiert

Als du fortgingst
war ich froh
endlich allein zu sein.

Ich trank mein Bier
nur noch in Kneipen
mit Frauen die
froh waren
endlich allein zu sein.

Manchmal wenn einer wie du sich
zu uns an den Tisch setzt
legt ihm eine von uns
ihr Haar um den Kopf
wirft ihm eine von uns
ihr Herz an die Brust
zieht für ihn sich eine
die Haut vom Leib.

Jedesmal nimmt er lächelnd
alles zahlt jeder ein Bier
und geht fort.

Vorm Abschied

Hinter den Gärten die Bäume
blühen wie einst im Mai
träume ich im September
so als wärs einerlei

ob du gegangen gekommen
ob du fortwillst oder bleibst
ob du gegeben genommen
ob du mich auslachst beweinst

Schnee oder Blütenblätter
fallen als Küsse mir zu
die fernen Berge vorm Regen
scheinen so nah wie du.

Lied. Mäßig bewegt.

Du bist zu mir gekommen
als kämest du zu mir
du bist davongegangen
als nähmst du mich mit dir.

Du hast bei mir gelegen
als wärest du mir nah
hast mir dein Herz gegeben
als wäre eines da.

Hast mir ein' Brief geschrieben
als kämst du wieder her
da sang ich dieses Liedchen
als ob ich's selber wär.

Treue

Von deiner Haut wirst du
meine Spuren nicht mehr
verwischen du schleppst
sie mit dir nach Haus zwischen
Tisch und Bett schlägt mein Schatten zu.

Aus deinem Haar wirst du
meinen Geruch nicht mehr
waschen er beizt
dir die Haut mit Grauen
wendet wer dich neben mir liebt sich ab.

Aus deinem Mund wirst du
meine Zunge nicht mehr
lösen sie fährt
ihr zwischen die Zähne
bei jedem Kuß von dir.

Mit dir allein wirst du
niemals wieder allein sein
gut verheilt hinter deinen Rippen
sitz ich dein Schrittmacher
funktioniert.

Bremisches Epigramm

Ach mein Mann ist verreist. Gerade
schlug er die Wagentür zu. Nur ein paar
schräge Küsse hetzt' er mir noch aufn Hals über
Kopf und Kragen und Stock und Stein rauschten
die Räder auf dem Asphalt. Mein Herz
flatterte noch ein Weilchen im Wind hinterher. Dann
knöpft' ich die Brust wieder zu. Doch meine Ruh
ist hin bis er nächstens bei mir wieder vorfährt in
seiner Kalesche aus Sachsen.

Blinde Flecken

Daß wir so uneins sind hält uns zusammen
du dort ich hier – wir sind auf andrer Fahrt:
Dein Istgewesen mein Eswirdnochkommen
zwei blinde Flecken in der Gegenwart
die uns gehört wie Träume vorm Erwachen
wenn wir schon wissen daß wir Träumer sind
die mit uns spielt ein Weilchen in den Winden
bis jedes hier und dort sich wiederfindt.

An Picasso

Psst in Paris schläft mein Mann. Er liegt
mir im Arm auf neutralem Laken ungeteilt
über zwei Betten gestreckt.

In seiner Hand liegt das Meine ich schmiege
das seine Eine meiner Kniekehle ein.

Wir nehmen es nicht nur symbolisch
mit allen Tauben und Palmwedeln auf.

Nichts als

Daliegen. Abwarten mit
geschlossenen Augen und
doppeltem Herzschlag allein
mit diesen Gespenstern von
gestern rot morgen tot
aber heute nichts
als meine Hände um
deinen Hals bis
alles vorbei ist.

Bildlich gesprochen

Wär ich ein Baum ich wüchse
dir in die hohle Hand
und wärst du das Meer ich baute
dir weiße Burgen aus Sand.

Wärst du eine Blume ich grübe
dich mit allen Wurzeln aus
wär ich ein Feuer ich legte
in sanfte Asche dein Haus.

Wär ich eine Nixe ich saugte
dich auf den Grund hinab
und wärst du ein Stern ich knallte
dich vom Himmel ab.

Welke Rosen

Morgens beginnt mein Frösteln schöne
Metapher du sagst es. Und das Leben
stockt wie geronnenes Blut. Nur noch
dies Jucken unter den Brüsten erinnert
an wirklichen Schmerz.
Süße Leiden ach
sanfte Tränen cremiger Weltschmerz lang
stielige Rosen welk ihr
kämt mir nun grade recht.

Salomes Lied

Schlafe was willst du
mehr zu tun
hast du nicht
nach den Bogensonnenlampen
vergeht nun das Abendlicht.

Bleibe getrost wo
du bist nichts
läßt wie ich dich so los
halt still: ich werfe ihr
deinen Kopf in den Schoß.

Spielregeln

Komm wir proben die Posse noch einmal
wir kennen die Rollen zum Glück
gibt es nicht mehr zu sagen
wir spielen das alte Stück

Immer wieder dieselben Schritte
bis hierher und weiter nicht
immer wieder dieselben Blicke
aus einem andern Gesicht

Immer wieder dasselbe Stöhnen
aus einem anderen Mund
jedesmal dasselbe Versinken
in immer anderem Grund

Immer wieder dieselben Blumen
am Anfang diesmal für mich
und im Schlußakt frische Tränen
wie immer: diesmal um dich.

Allein

Ich hab die Schnauze voll ich
bin auch müde und fürcht mich
jetzt schon vor dem ersten warmen Tag
den kleinen Kindern und den
schwangern Frauen und was das
Frühjahr noch erzeugen mag.

Ich bin allein ich hab nichts
zu verlieren als ein paar
Tage vom vergangnen Jahr
und Angst mit mir was Neues
zu probieren nicht zu krepiern
an dem was niemals war.

Noch

Noch zwei Arme zwei Brüste
im Mund noch fast alle
Zähne die grauen Haare
reiß ich noch einzeln
vom Kopf noch zähl ich den
Monat nach Tagen meine
Blicke können noch töten noch
geht ein Lindenduft mir
in den Sinn jedes
Hochziehn der Mundwinkel noch
immer teuer bezahlt.

Krankgeschrieben

Spät am Morgen im Park
geh ich spazieren ganz ohne
Kind ohne Mann für einen
Langhaardackel bin ich
noch zu jung. Nach soviel
Regentagen scheint jetzt
wahrhaftig die Sonne. Im
NADELHOLZHAIN fallen
Fichten Lärchen und Kiefern
Düfte übereinander her der
LIEGEWIESE stehen die Gräser
zu Berg. Alle Wege führen
Mütter mit Kindern zu Wagen
zu Fuß in den Bäumen im Bach.
Ein schöner Mann geht
vorbei: ließ ich ein Spitzentuch
fallen er könnte sich
umdrehn mir folgen. Alte
Frauen am Teich füttern die
Enten mit Krumen. Morgen
nehm ich ein Brötchen und
ein Taschentuch mit.

Offener Brief an die Prinzessin von Clèves

Daß dieser Mann Euch liebt Prinzessin
könnt ihr nicht leugnen. Er liegt Euern Füßen zu Grunde
legt er sein Leben. Ihr seid der Herr seiner selbst.
Trauer höhlt ihm die Wangen Ihr seht es mit
lustvollem Schauder wie er um Euretwillen
sich und die Welt ganz verlor. Wie das Wetter
erwartet Ihr täglich am Morgen Blumen mittags
sein billet doux jeden Abend das
gleiche Lied. Sogar süße Schauer gestattet Ihr Euch
beim Handkuß und einen schmachtenden Blick
wenn sein Arm den Ihrigen streift. Mehr von Euch
zu begreifen verbietet Ihr Euch wie von selbst. Die
Pflicht Madame ich verstehe das Sakrament
der Ehe Euer Ruf Euer altes Geschlecht.
Ach Madame Eure Tugend ist nichs als
schlotternde Angst vor dem Leben lieber
stellt Ihr Euch tot als einmal für einen
zu sterben tausend Tode bei lebendigem Leib. Jaja
ich weiß Prinzessin Eure Kälte heißt Treue Ehrbarkeit
Euer Versagen und so geht Ihr dahin
tugendhaft ehrbar und treu nur
nicht gerade als Frau.

Verbesserte Auflage

Nur noch wenige Schritte dann
wird sie ihm wieder gehören hören
beschwören sein Lied das ohne sie
ihm versiegt. Hals Nase Ohren
die Augen die Haare den Mund
und so weiter wie
will er sie preisen allein
zu ihrem ewigen Ruhm.
Als eine Stimme anhebt.
Orpheus hört:
die zum Lauschen Bestellte fällt
singend ihm in den Rücken.
Da
dreht er sich um und
da
gleitet aus seinen verwirrten Händen
die Leier. Die Euridike aufhebt
und im Hinausgehn schlägt in noch
leise verhaltenen Tönen. Hals Nase Ohren
die Augen die Haare den Mund
und so weiter wie
will sie ihn preisen allein
zu seinem ewigen Ruhm.
Ob Orpheus ihr folgte
lassen die Quellen
im Trüben.

Angstlied

Ich hab kein Haus
bin viel zu klein
bläst mich ein Wind
hinaus hinein

Ich hab kein Mann
bin viel zu bang
zünd meinen Himmel
selber an

Ich hab kein Herz
bin viel zu tot
weich warm verschneit
in liebe Not.

Manchmal da

Manchmal da
geh ich nach Haus da
wartet mein Mann unser Kind
lacht mir von weitem
entgegen laufen mir beide
Münder randvoll mit Küssen für mich.
Mitunter geschieht's
daß ich dabei erwache.

Für einen Flieger

Wenn du in Bausch und Bogen vorwärtsschreitend
das Erdreich mit den Füßen trittst bis weich
du abhebst in die höheren Regionen
und dir die Erde leicht wird oder seicht

erscheint beim Anblick dieser Millionen Toren
der Sisyphos der Tantalos die schwer
einander in den offnen Armen hängen
glaubst du von fern: sie liebten sich so sehr.

Als Lied erreicht ihr Stöhnen deine Ohren
Kains Hand scheint dir führt Abel hin zum Tanz
ein Abendlicht quillt allen aus den Poren

vergoldet dir die Sicht die Wiederkehr
zur Erde die du fast wie mich verloren
flieg höher nicht: du findest uns nicht mehr.

Für einen Enthaltsamen

Abends trifft mich dein Blick schräg
übern Glasrand voll Wasser nüchtern
und kühl und gesund zielt er auf
meine Hand die in sanftem Bogen
zum Mund führt was zu genießen
du scheust reinen Wein.

Empfehlung

Hölderlin lesen sagst du
als ging's um mein Leben
oder zu Fuß von Bremen zum
Peloponnes. Jeder Baum auf der
Schwäbischen Alb eine
wiegende Pinie und mein
Kopftuch windest du dir mir
nichts zum Lorbeerkranz. Ja
ja ich weiß ich kann ihm nicht
und dir nicht das Wasser reichen
aber mir reinen Wein.

Solo

Wer heut gestorben ist
will ich nicht wissen
bin auf der Hut
vorm schlechten Gewissen

Steck den Kopf über
kopfunter in' Sand
dreh mir aus Däumchen
ein Vaterland

Blas Guter Mond
auf meiner Trompete
suche im Fährtenbuch
alte Gebete

Geh immer weiter
weg von zu Haus
klopf an kein Fenster
niemand schaut raus.

Der Vater

Heute hab ich um meinen Vater geweint
der ist seit acht Jahren tot
geweint hab ich zum ersten Mal
ist meinem Herzen die Spitze gebrochen
bin ich nicht in Mozart Sonaten gekrochen
aus Angst aus Angst vorm schwarzen Mann
hat einen roten Mantel an
und einen Teller durch den Hals
der Kopf der hängt ihm hinten.

Meine Loreley

Meine Schwester hat sich ertränkt
warum ist es am Rhein so
schön die Loreley zu sehn
mit dem Abwasser angeschwemmt
nach einer langen Nacht
bei einem Wirte wundermild
kämmt sie ihr weißes Haar da
war sie jüngst zu Gast als
er sie angefaßt mit
seinem süßen Mund und
zehn Elektroschocks kühl
in ihr Hirn gebrannt.

Unterwegs

Dich sollte ich lieben
mein Land
sagst du auf der Reise
die verschlüsselten Städte
die Hügel die Gräber
mit sieben Siegeln
bergauf und
bergab mein Land.

Mein Land ich weiß es
»und sage mit Weinen: es gibt
eine Vergangenheit« wie
in Fluten ausbluten
die Berge die Täler weit
oh Höhn!
Am Autobahnkreuz hakt
Vergangenheit ein
kreuzen Leichenzüge die Reise.

Und so bitt ich um Augen
blicke aus deinen
auf dich
sollte ich lieben mein Land
anschaun vertraun
»wie die Natur sich dazu herrlich findet«
wenn jahrtausendelang du
»Land der Liebe
blöde die eigne Seele leugnest«.

Hildegard L. Kommandanturstabsmitglied
der SS in Majdanek

Sie sitzt auf der Anklagebank
im Gerichtssaal und
läßt nicht eine Masche
fallen aus dem Strumpf
für alle heilen Füße
ihrer Enkel in Schaftstiefeln
mußten diese L. nie
sehen ihre Augen bei der Musterung
von Kindern Greisen Kranken Frauen
für den Tod
hat sie gewissenhaft gesorgt wie
für ihr eigenes Leben.

Sie lächelt still in sich
hinein elfhundertsechsundneunzig Mal
ein Mord in Majdanek.

Auf der Anklagebank sitzt eine Frau
und strickt.

Branko M. 1920–1943

> *Für meine*
> *jugoslawischen*
> *Freunde*

Seine Füße stehn im Gras
nackt im Tau die Hose
aus festem Stoff sitzt ein wenig
zu locker um die Hüften einen
Gürtel sollte er tragen das
Oberhemd wechseln mit den
faustgroßen dunklen Flecken
überall auf der Brust.
Seine Hände im Rücken
gekreuzt lehnt er am
Stamm einer Birke leicht
vornübergeneigt den Kopf
im Nacken den Mund
die Augen weit
offen der Himmel die
Sonne »das Grün bricht
aus den Zweigen« das Foto
ist überlebensgroß.

Ein alter Brauch

Als er barfuß hervortrat saß ihm
auf der Stirn der spitze Hut
und zwei gelbe Flecken glänzten gut
vernäht auf Brust und Rücken

als der Graf ihm die Wange striemte
daß sein Hut zu Boden rollte
als der Alte sich dreimal bedankte
und die Menge Beifall johlte

ward sein altes Blut sachte zu Wasser
in der darauffolgenden Nacht
als er starb vor Scham ohne Klagen
hat ihn niemand umgebracht.

Fernsehbild vom Foto einer jüdischen Frau im KZ

Da lag ich krank mit meinen
Brüsten als ich dein Bild sah.
Ich hatte große Angst. Da
bat mich dein Gesicht nicht mehr zu weinen

um mich. Sekundenlang verharrt die Kamera
auf deinem Kopf den kurzgeschornen Haaren
dann fuhr sie langsam nah
dahin wo deine Brüste waren

und stand dort still. Bis ich
begriffen was dein Blick gemeint
und mich der Tränen schämte
die ich um dich um euch noch nicht geweint.

Ihr Kampfgenossen all

Ihr könnt mich mal
mir hängt mein Grinsen
schon längst zum Maul raus ich
geh lieber in die Binsen

schnitz mir aus Schilfrohr
eine helle Flöte
blas auf dem letzten Loch
der Abendröte

»Dem Morgenrot entgegen«.

Nicht zu gebrauchen

Ich mach mein Maul nicht
mehr auf für diese und jene
nicht mehr wenn mich das
Zipperlein plagt oder die Lage
mich angeht. Weder von euch
noch von euch bin ich zu
gebrauchen ich brauche gar
nichts und alles nehm ich
von allem und keinem immer
dasselbe: mein Teil.

Bewerbung

Meine Spitzen hab
ich mir abgebrochen
abgeschliffen was kantig
zerkrümelt was fest war.
Was von mir übrig blieb
wie geschleckt
läßt sich jederzeit jedenorts
von jedermann
mühelos einfügen.

Roma antiqua 1980

Hier scheint jeder mit seinem Leben
ein leichtes Spielchen zu treiben. Männer
gebärden sich so wie sie sind und
darüber hinaus. Ihre Frauen
schaffen mit Kindern sichre Beweise
segnen die Namen der Männer
noch aus dem Hinterhalt.

Mosaik

An den Füßen die
Ausverkaufsschuh mit
beiden Beinen fest auf
dem Weg nach Brindisi
freihändig der Kopf schwebt
ständig dicht unterm Himmel.
Du trägst »Ganz Rom« Brot
und Wein im Beutel über
der Schulter da und da und
dahin zeigt deine Hand meine
Augen flattern ihr nach
durch diesen Raum
aus Zeit und auferstandnen Zypressen.
Bis uns die Hitze vom Weg
fegt hinter die Tempelruinen hier
unter freiem Himmel üben
wir kniend kauernd Verbotenes
aus stecken es ein drücken der
Sonnen fein gesponnen
ein Auge zu.
Halten paar bunte Steine Staub
bißchen Gott und die Welt in der Hand.

Piazza Navona

Damals fiel mir das Wort
für die Hunde am Brunnen
die Kinder die Kleider die
Locken für Männer und Frauen
auf den Bänken Geranien
Balkons für geschlossene
Kirchen Mopeds die
Staffeleien der Maler
bel canto aus
dem Kofferradio für die
Hitze das klirrende Eis
im Glas im Traum nicht ein.
Heute vermute ich da
hinter steckte so etwas
wie Glück.

Verregneter Sommer

Diesen Sommer seh ich
wie der Regen wirklich vom
Himmel fällt und strömt über
Bäume übern Farn übers Moos übers
Schneckenhaus bis ins Erdinnere.

Hahnenklee, Schwertlilien, Dotterblumen
plustern sich um verfächerte Bäche
und Tümpel. Überall drängen Flüsse und
Ströme an ihre Ufer und über
die Ufer hinaus.

In den Vorstädten laufen die Dächer
nach wie vielen Jahren ziegelrot an. Wetter
Hähne schalten die Flügel ein daß
die Tropfen stieben wie Tropfen stieben. Mit
Diamanten gar kein Vergleich.

Alle Wiesen grasgrün. Raben raben
schwarz. Rosen rot. Alles wie sichs gehört.
Wie jedes sich selbst gehört. Prallgefüllt
mit tieffliegenden Mücken drohen die
Schwalben zu platzen vor Glück.

Geburtstag

Pünktlich wie immer einmal im Jahr
sind Kinder und Enkel festlich zusammengelaufen
unter das Männerfoto im Trauerrand
zum Kreis um die kleine Alte geschlossen.

Die ist an Geburtstagen plötzlich zu sehen
in der Mitte großer Blumensträuße
eine kleine alte Frau
in Silbergrau mit Spitzenkragen.

Ihre Hände liegen vor den Knieen
oder knüpfen die Fransen an der Tischdecke
tasten nach dem Tuch für die Nase
das heute mit der Schürze in der Küche hängt.

Selbstgebackenes verteilt sie wie Erinnerungen
an Schützenfeste wundgeschlagene Knie
an Bombennächte und den Mann vom Foto.
Davon gibt sie allen ein Stück mit auf den Weg.

Liebe Kolleginnen und Kollegen

Wann habt ihr so
das letzte Mal gesessen
mit drei vier Gläsern Wein
die Augen müd im Kopf
verwirrtes Leben wie
am ersten Tag oder
am siebten: denn da ruhte Gott.
Mein Gott gibst
mir zu leiden nicht
zu sagen was. Das
kennst du auch
Roswitha Karoline
Bettina Gertrud und
Annett (dein e zerstört
du hörst es wohl die Anmut
im freien Silbenfluß)
Friedrich und Heinrich Johann
Christian Günther: Ihr großen
Brüder Schwestern hört das Lied
ist euerm Schwesterlein vergangen
gönnt ihr ein Wort macht
ihr ein U fürn X und
einen Reim drauf. Auf! Sauft
auf ihr Wohl und
lobpreist dies Gedicht.

Ars poetica

Danke ich brauch keine neuen
Formen ich stehe auf
festen Versesfüßen und alten
Normen Reimen zu Hauf

zu Papier und zu euren
Ohren bring ich was klingen soll
klingt mir das Lied aus den
Poren rinnen die Zeilen voll

und über und drüber und drunter
und drauf und dran und wohlan
und das hat mit ihrem Singen
die Loreley getan.

Landserhefte

Meine Wörter wie seht ihr aus
eingefangen gehangen zusammen
gebogen belogen betrogen
in jedem Satz Zeile für Zeile
schreit um Erbarmen will
frei sein erlöst.
Buchstabenweis
küß ich euch einzeln die
Fingerspitzen führ euch nach
Haus in die schöne
Unschuld des Duden.
Nur einige Wörter
sind nicht zu retten
der Krieg die Schlacht das Gemetzel
geben nichts her. Sie
jag ich zurück ins Alphabet alle
anderen ruhen sich aus bis
jemand ein Wort braucht das
not tut und gut.

Meine Wörter

Meine Wörter hab ich
mir ausgezogen
bis sie dalagen
atmend und nackt
mir unter der Zunge.

Ich dreh sie um
spuck sie aus
saug sie ein
blas sie auf

spann sie an
von Kopf bis Fuß
spann sie auf

Mach sie groß
wie ein Raumschiff zum Mond
und klein wie ein Kind.
Überall suche ich die Zeile
die mir sagt
wo ich mich find.

Angst und Mut

Ach meine kleine Phantasie geht
mit mir durch. Schnellt
mir den rechten Fuß vor
den linken. Biegt
mir die Knie bis ans Kinn. Hetzt
mich durch die Chausseen
Alleen Akazienbäume. Jagt
mir Angst ein und aus
Angst Mut ein. Nimmt
mich am Ende selbst in Empfang.

Dressurakt

Wirst du wohl bist du wohl schön
ruhig schreiben schreiben schreiben bis
Zeilenschluß. Kusch dieses Wort
hat zu bleiben da setz ich es
ein. Niemand redet dich aus
deinem Maß mein Gedicht wie
angeboren am Ziel.

Anmerkungen

Seite 15 »Altes Lied Ungereimt« wurde angeregt
durch Sarah Kirschs »Ayn Wintrstück«.

26 »Gibt es eine weibliche Ästhetik« wurde
angeregt durch eine Textstelle aus dem
Erzählband »Meine ungehörigen Träume«
der DDR-Autorin Helga Königsdorf.

55 »Offener Brief an die Prinzessin von Clèves«.
Die Prinzessin von Clèves ist die
Hauptfigur des gleichnamigen Romans
von Madame de La Fayette (1634–1693).

67 »Ein alter Brauch«. Das Gedicht bezieht
sich auf eine Episode aus dem Roman
»Der Letzte der Gerechten«
von André Schwarz-Bart.
In Toulouse gab es im Mittelalter einen
Cophyz genannten Brauch, der verlangte,
daß sich der Vorsitzende der jüdischen
Gemeinde am Ostersamstag vor der
Kathedrale vom Grafen von Toulouse
mehr oder weniger symbolisch ohrfeigen
lassen mußte.

Inhalt

Seite 5 Das wär ein Leben
      6 Im Rahmen
      7 Mit Haut und Haar
      8 Er kommt
      9 Wirbelsäule
    10 Mit leeren Händen
    11 Tote Liebe
    12 Der Himmel
    13 Und mich
    14 Meine Trauer
    15 Altes Lied Ungereimt
    16 Warten
    17 Ach was
    18 Ohne Schnee
    19 Anständiges Sonett
    20 Tränen
    21 Angeschaut
    22 Hallo Ja
    23 Diese Mörderin
    24 Fundevogel
    25 So
    26 Gibt es eine weibliche Ästhetik
    27 Winterlied
    28 Auf und Davon
    29 Besuch gehabt
    30 Tschüs

Seite 31 Weihnachtslied
 32 Schöne Lüge
 33 Verreist
 34 Abenteuer
 35 Wenn Dann
 36 Im Märzen
 37 Schwarze Locken
 38 Schlaflied
 39 Ab Gesang
 40 Endlich emanzipiert
 41 Vorm Abschied
 42 Lied. Mäßig bewegt.
 43 Treue
 44 Bremisches Epigramm
 45 Blinde Flecken
 46 An Picasso
 47 Nichts als
 48 Bildlich gesprochen
 49 Welke Rosen
 50 Salomes Lied
 51 Spielregeln
 52 Allein
 53 Noch
 54 Krankgeschrieben
 55 Offener Brief an die Prinzessin von Clèves
 56 Verbesserte Auflage
 57 Angstlied
 58 Manchmal da

Seite 59 Für einen Flieger
     60 Für einen Enthaltsamen
     60 Empfehlung
     61 Solo
     62 Der Vater
     63 Meine Loreley
     64 Unterwegs
     65 Hildegard L. Kommandanturstabsmitglied
         der SS in Majdanek
     66 Branko M. 1920–1943
     67 Ein alter Brauch
     68 Fernsehbild vom Foto einer
         jüdischen Frau im KZ
     69 Ihr Kampfgenossen all
     70 Nicht zu gebrauchen
     71 Bewerbung
     72 Roma antiqua 1980
     73 Mosaik
     74 Piazza Navona
     75 Verregneter Sommer
     76 Geburtstag
     77 Liebe Kolleginnen und Kollegen
     78 Ars poetica
     79 Landserhefte
     80 Meine Wörter
     81 Angst und Mut
     82 Dressurakt

Die Deutsche Bibliothek – CIP-Einheitsaufnahme

Ein Titeldatensatz für diese Publikation ist bei
Der Deutschen Bibliothek erhältlich

13. Auflage 2001 – 43.–44. Tausend
© 1981 Deutsche Verlags-Anstalt GmbH, Stuttgart
Einbandgestaltung: Bauer + Möhring, Berlin
Satz: Fotosatz types, Stuttgart
Druck und Bindearbeit: Wilhelm Röck, Weinsberg
Printed in Germany
ISBN 3-421-06073-8